いちばん
やさしい
鳥刺しゅう

浅賀菜緒子
クボトモコ
川端遥香

X-Knowledge

小さくて儚い鳥
季節を告げる鳥
宝石のような鳥

鳥が刺繍したくなったら
手にとって開いてください。

Drawing

- **A** ハチドリのスケッチ 7
- **B** 鳥と花 8
- **C** 雀と足跡 10
- **D** 木々と鳥 12
- **E** カッコウのワッペン／フクロウの森 14
- **F** 白鳥の親子 16

Pattern

- **G** 渡り鳥のパターン 19
- **H** 春を告げるツバメ 20
- **I** 鶴の舞 22
- **J** 鳥籠 24
- **K** 聖夜の鳥 26
- **L** 鳥ネックレス／おしゃれ鳥 28
- **M** 白鳥黒鳥の連続パターン 30

Brooch

- **N** 日本のかわいい小鳥I 33
- **O** おしゃべりなインコ 34
- **P** ずんぐり文鳥／コールダックのトート 36
- **Q** 日本のかわいい小鳥II 38
- **R** 世界のユニークな鳥 40
- **S** ペンギンアクセサリー 42
- **T** フクロウのストラップ 44
- **U** 虹色の羽 46

Starting to Stitch

作品の実物大図案と作り方 48

撮影／大段まちこ
スタイリング／鍵山奈美
デザイン／葉田いづみ
トレース／原山 恵
DTP／天龍社

印刷／図書印刷

Drawing

制作／浅賀菜緒子

スケッチするように、
鳥たちの美しい姿を糸で描きましょう。
静と動。
ひと針ひと針が小さな羽毛や
ときには躍動感を表します。

A
Page 51

ハチドリのスケッチ

宝石にも例えられる美しいハチドリ。
ステッチによって
羽ばたく姿の印象が違って見えます。

B
Page 52

鳥と花

1色でシンプルに描いた鳥たち。
フライステッチ、レゼーデージーステッチ…
刺繍ならではの装飾を楽しんで。

モニュメントのようなデザインが
おしゃれな番の鳩をお部屋の飾りに。
来客をやさしく出迎えてくれます。

C
Page 54

雀と足跡

跳ねるように歩く姿が愛らしい雀。
小さなさえずりまで聞こえてきそうです。

くり返し描いた足跡が、伝統文様のような味わい。
手提げのバッグにストレートステッチで描きました。

Page 56

木々と鳥

木々に守られた小さなねぐらはゆりかごのよう。
小枝をイメージした
5番手の太い糸でランダムに刺しました。

春のウグイス、夏のカワセミ、
秋のヤマガラ、冬のシマエナガ。
木々によって鳥の色彩も際立って見えます。

E Page 58

カッコウのワッペン／
フクロウの森

夏の高原でほがらかに鳴く、
カッコウをワッペンに。
装いや小物に合わせましょう。

15

厳かな雰囲気の小さな羽角をもつミミズクたち。
フクロウの棲む森は豊かさの象徴です。

F
Page 60
白鳥の親子

真っ白な親鳥とそばに寄り添う小さなグレーの雛。
最小限の色使いが、刺繡の美しさをより引き立てます。

Pattern

制作／クボトモコ

身近で親しみやすい鳥たちを
小物や洋服、ときには
贈り物へ添えて。
ワンポイントから連続模様まで、
アレンジ自在のパターンです。

G
Page 61
渡り鳥のパターン

ぽっかりと浮かぶ白い雲とカモメたち。
くり返しの模様だから、
好きなサイズにアレンジできます。

H *Page 62*

春を告げるツバメ

春を迎える刺繍なら、色とりどりの花とツバメで。
小さなモチーフが集まるとブーケのような華やかさ。

図案の一部を取り出して、ハンカチに刺繍をしました。
布によって色合いも変えれば、違った印象になります。

I Page 64
鶴の舞

縁起物としても親しまれている、タンチョウ（頂赤）。
祝い事やハレの日の小物に、
寿ぐ（ことほぐ）気持ちを込めて。

くるみボタンに仕立てた鶴たち。
ブローチはもちろん、帯留めにも合います。

J Page 66
鳥籠

かわいい鳥に、おしゃれな鳥籠を。
周囲をリースのように草花で飾りました。

25

お気に入りはどれ?
コレクションするように刺したい、
いろいろな鳥籠。

27

K *Page 68*

聖夜の鳥

ストレートステッチで点々と
埋めるように描いたツリー。
かわいい鳥がオーナメントのように
顔をのぞかせています。

L Page 70

鳥ネックレス／
おしゃれ鳥

羽飾り、宝石、そして、最後にフラミンゴ。
華やかなネックレスのでき上がりです。

1 オオタカ
2 カツオドリ
3 フサホロホロチョウ
4 セキショクヤケイ
5 フラミンゴ

カラフルだったり、個性的だったり。
おしゃれ自慢の鳥たちは、
ワンポイントでも存在感抜群です。

M Page 72
白鳥黒鳥の連続パターン

30

向かい合った白鳥と黒鳥。
連続模様だから、縁飾りやコーナー飾りと、
好きな長さにアレンジできます。

夜空をかける白鳥と黒鳥の群れ。
複数羽を描くことによって、
より躍動的に見えます。

Brooch

制作／川端遥香

愛らしい鳥たちを
小さなブローチやアクセサリーに。
襟元やバッグにつけて
出かけましょう。

N Page 74
日本のかわいい小鳥 I

1 キセキレイ
2 ルリビタキ
3 シマエナガ
4 アカショウビン

小さな野鳥たちのブローチ。
いくつも作れば、
そこから物語が生まれそうな楽しさです。

o Page 75
おしゃべりなインコ

首をかしげたり、じっと見つめてたり…。
表情豊かなインコは、
いつでもベストパートナーです。

1 モモイロインコ
2 セキセイインコ
3 セキセイインコ
4 オカメインコ

P
Page 76

ずんぐり文鳥／
コールダックのトート

お餅のように、まあるい形の
桜文鳥や白文鳥…
やさしい色でチクチクと刺しましょう。

1 シルバー文鳥
2 白文鳥
3 シナモン文鳥
4 桜文鳥
5 パイド文鳥

固まってお昼寝する小さなコールダックたち。
ほのぼのとした気分になります。

Page 78

日本のかわいい小鳥 II

1 アカゲラ
2 メジロ
3 ツバメ
4 カワセミ

里や野山で見つけた小鳥たち。
刺繍をすると、鳥たちの彩りの美しさに
気づかされます。

R Page 80
世界のユニークな鳥

世界を旅するような気分で作りたい
いろいろな国の鳥たち。
小さなブローチの鳥図鑑を作りましょう。

1 ムラサキオーストリアムシクイ(オーストラリア)
2 ピンクロビン(オーストラリア)
3 アカコンゴウインコ(南米)
4 オニオオハシ(南米)

5 ハチドリ(北米、南米)
6 オナガラケットハチドリ(ペルー)
7 スバールバルライチョウ(北欧、ロシア)
8 パフィン(アイスランド)

S Page 82
ペンギンアクセサリー

小さくても独特のフォルムで
一目瞭然のペンギンイヤリング。
仕上げに白いタッセルを添えましょう。

いろんなポーズで刺繡したい
愛嬌たっぷりのブローチはいかが？

T
Page 84

フクロウのストラップ

森の賢者、フクロウをストラップに。
お守り代わりに大切な人に
プレゼントしてみて。

1 アナホリフクロウ
2 シロフクロウ
3 メンフクロウ

U Page 86

虹色の羽

段染め糸のグラデーションで描いた虹の羽。
風に舞い上がるように、ふわりと刺しましょう。

Starting to Stitch

作品の実物大図案と作り方

・すべてDMCの刺繍糸を使用し、番手の表記がないものは25番になります。
・Sはステッチの略です。
・図中の数字で単位がないものは、すべてcm（センチメートル）です。
・刺繍糸は、表記があるものを除き、各1カセ（束）を使用しています。

【表記の見方】
フレンチノットS（2回巻）823③

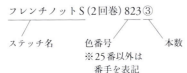

刺繍の刺し方

ストレートS　　　　　　　　　　　　　　ランニングS　　　　　バックS

 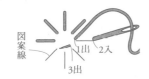  

アウトラインS　　　サテンS　　　レゼーデージーS　　　フライS

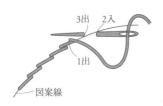  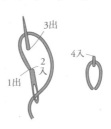 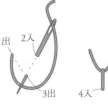

フレンチノットS　　　　　　　　　　コーチングS

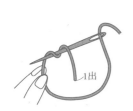  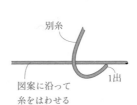 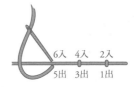

ブランケットS

2入 / 1出 / 3出 / 目安線

ブランケットリングS

ブランケットSと同じ要領で中心から円状に刺す

図案線

ボタンホールS

ブランケットSと同じ要領でせまい間隔で刺す

チェーンS

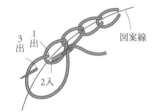

3出 / 1出 / 2入 / 図案線

リーフS

3出 / 2入 / 1出

4入 / 5出（2入から出す）

6入 / 7出 / 8入 / 9出（6入から出す）

ロング&ショートS

図案線 / 案内線

長短のステッチを交互に刺す

図案に沿ってステッチする
※図案に合わせて長さを調整する

A ハチドリのスケッチ
Page 7

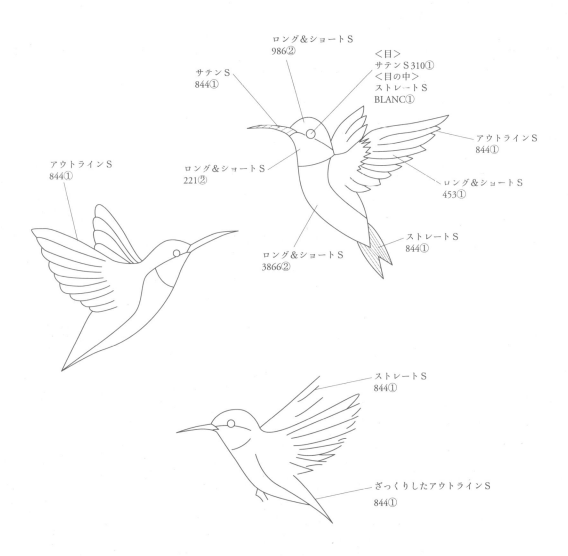

B 鳥と花
Page 8

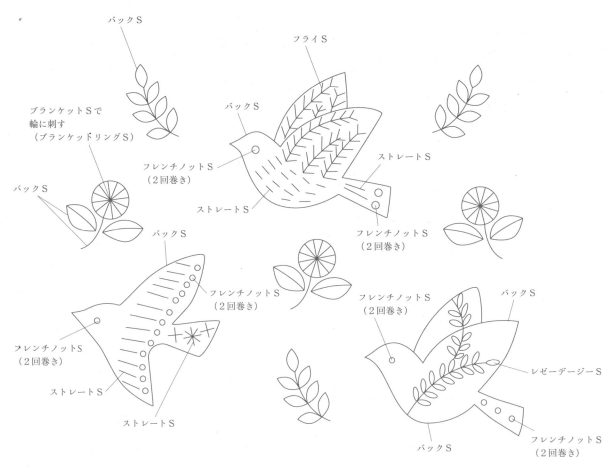

● 材料
刺繍用25番、5番刺繍糸各1カセ
表布31×25cm
キルト綿21×15cm
21×15cm、2cm厚パネル1個
両面テープ、縫い糸各適宜

● 作り方
69ページと同様にして作る。

● 出来上がり寸法
21×15cm

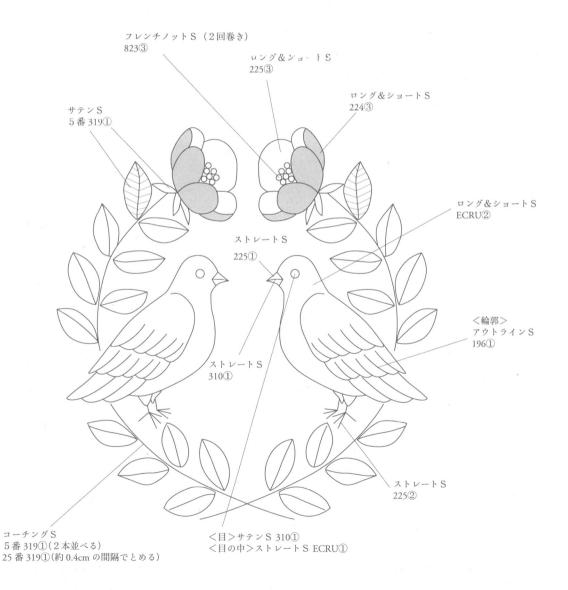

C 雀と足跡
Page 10

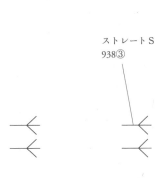

ストレートS
938③

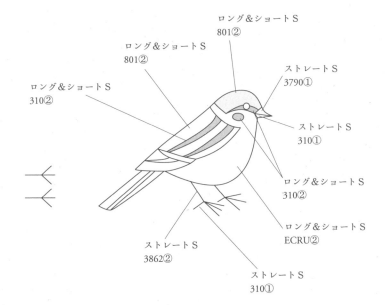

ロング&ショートS
801②

ロング&ショートS
801②

ストレートS
3790①

ロング&ショートS
310②

ストレートS
310①

ロング&ショートS
310②

ロング&ショートS
ECRU②

ストレートS
3862②

ストレートS
310①

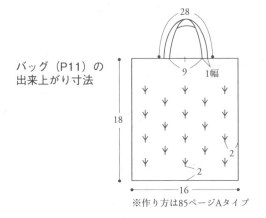

バッグ(P11)の
出来上がり寸法

※作り方は85ページAタイプ

● 材料
刺繍用25番刺繍糸各1カセ
表布(持ち手分含む) 26×38cm
裏布 18×38cm
縫い糸適宜

● 作り方
85ページAタイプと同様にして作る。

● 出来上がり寸法
18×16cm

ストレートS
938⑥

D 木々と鳥
Page 12

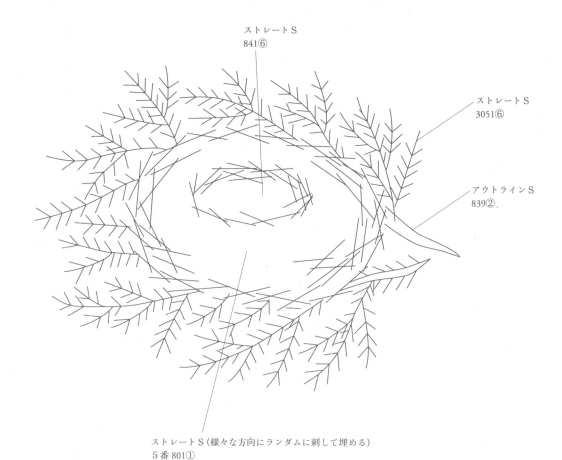

ストレートS
841⑥

ストレートS
3051⑥

アウトラインS
839②.

ストレートS（様々な方向にランダムに刺して埋める）
5番801①

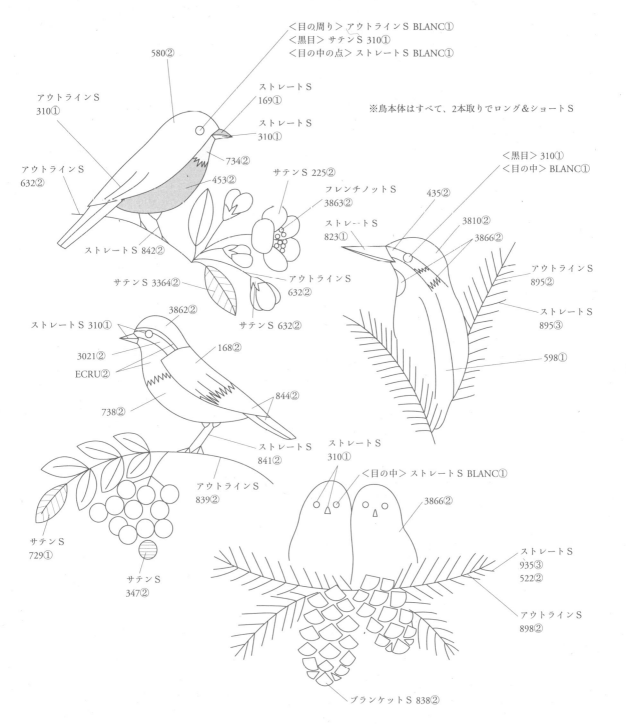

E カッコウのワッペン／フクロウの森
Page 14, 15

◉ 材料
刺繍用25番刺繍糸各1カセ
表布、接着芯各10×10cm

◉ 作り方
表布に図案を写し、裏に接着芯を貼って刺繍する
(※フープにはめる場合は、表布を大きめに裁つ)。
→刺繍の0.1cm外側をカットする。
※アップリケする場合は、周囲の表布をまつってつける。

◉ 出来上がり寸法
4×8cm

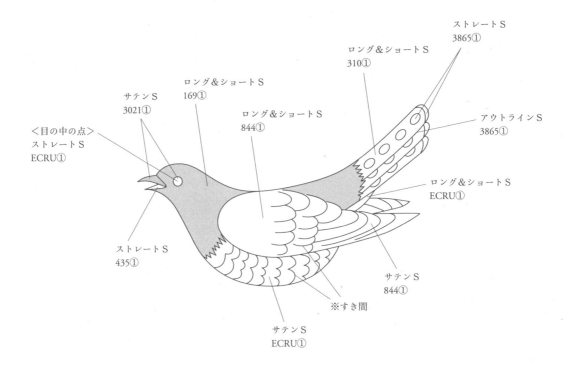

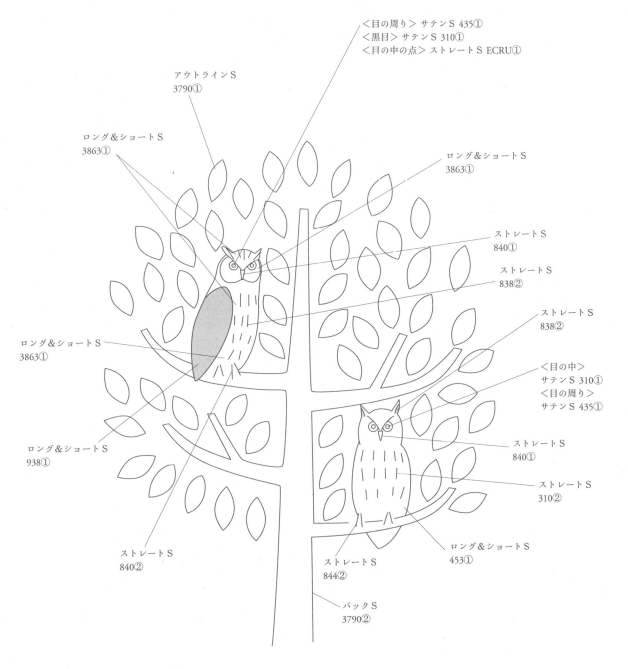

F 白鳥の親子
Page 16

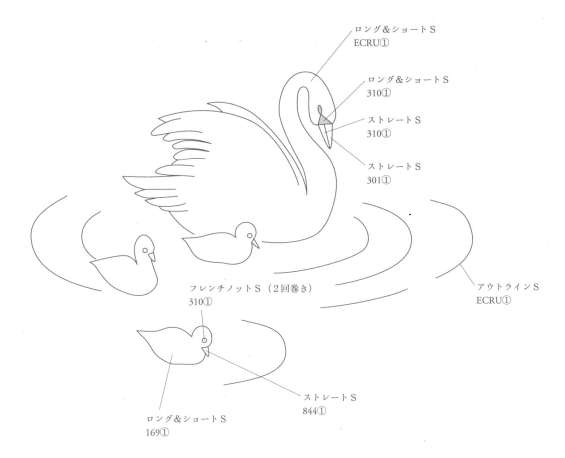

G 渡り鳥のパターン
Page 19

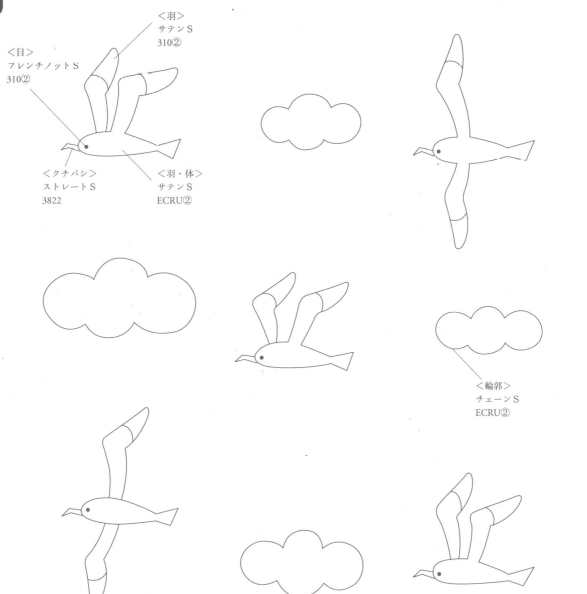

※広い面積のサテンSは、一度に糸を渡さず、短いステッチでていねいに埋める。

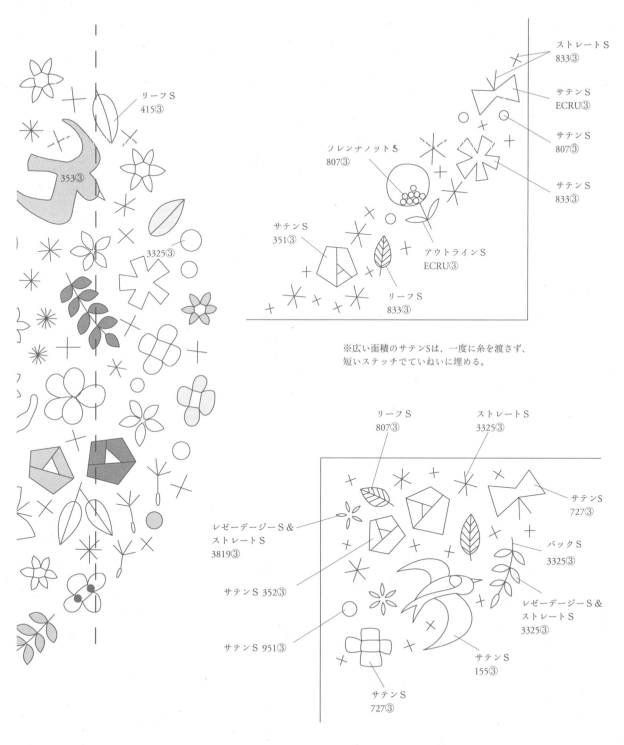

I 鶴の舞
Page 22

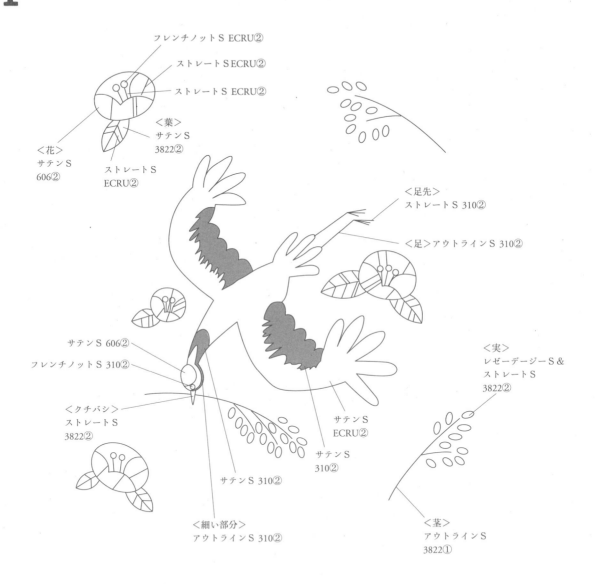

※広い面積のサテンSは、一度に糸を渡さず、短いステッチでていねいに埋める。

● 材料
刺繍用25番刺繍糸各1カセ
表布3種各5×5cm
くるみボタン・ヘアゴム用オーバル55（クロバー株式会社）1個
くるみボタン・ヘアゴム用オーバル45（クロバー株式会社）1個
くるみボタン・ヘアゴム用サークル40（クロバー株式会社）1個
縫い糸適宜

● 作り方
表布に図案を写して刺繍する（※フープにはめる場合は、表布を大きめに裁つ）。
→1.5cm程度余分をつけて裁ち、市販のくるみボタンにセットする。
※ゴムを通せるため、ヘアゴムや帯留めに使用できます。

● 出来上がり寸法
（オーバル形）4×5.5cm　3.5×4.5cm
（サークル形）直径4cm

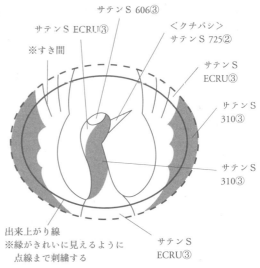

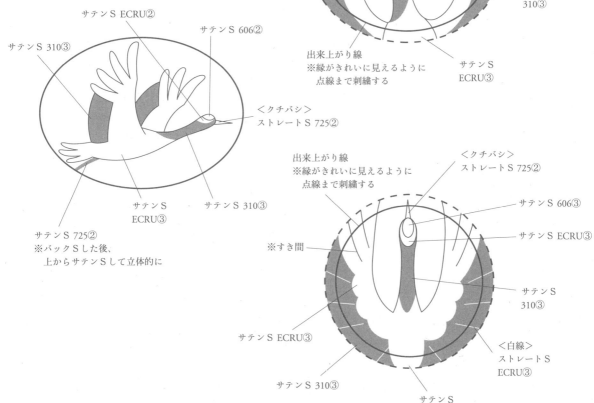

J 鳥籠
Page 24

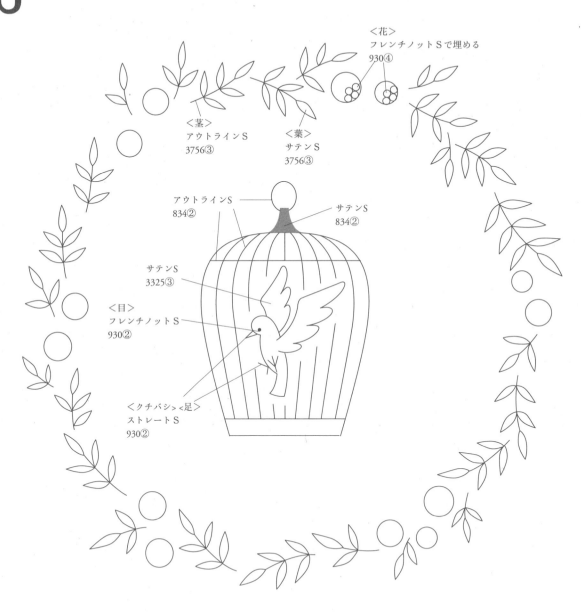

<花>
フレンチノットSで埋める
930④

<茎>
アウトラインS
3756③

<葉>
サテンS
3756③

アウトラインS
834②

サテンS
834②

サテンS
3325③

<目>
フレンチノットS
930②

<クチバシ><足>
ストレートS
930②

※広い面積のサテンSは、一度に糸を渡さず、短いステッチでていねいに埋める。

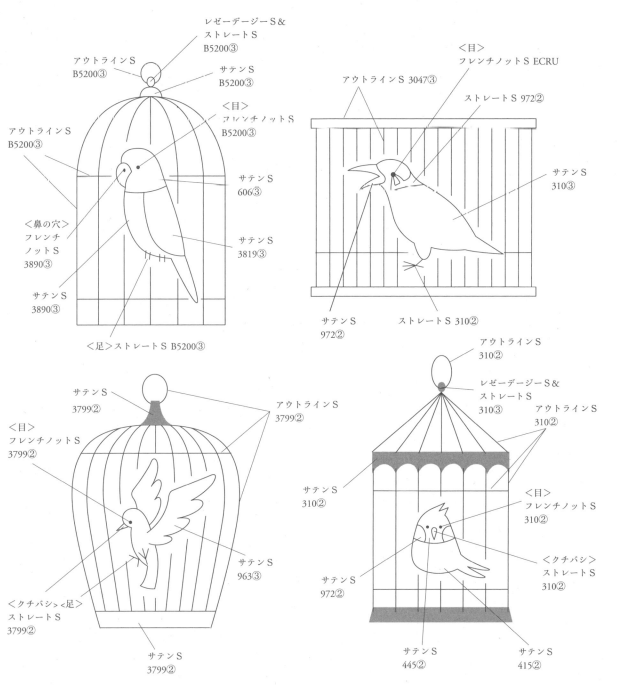

K 聖夜の鳥
Page 26

◉ 材料
刺繍用25番刺繍糸各1カセ
表布31×25cm
キルト綿21×15cm
21×15cm、2cm厚パネル1個
両面テープ、縫い糸各適宜

◉ 出来上がり寸法
21×15cm

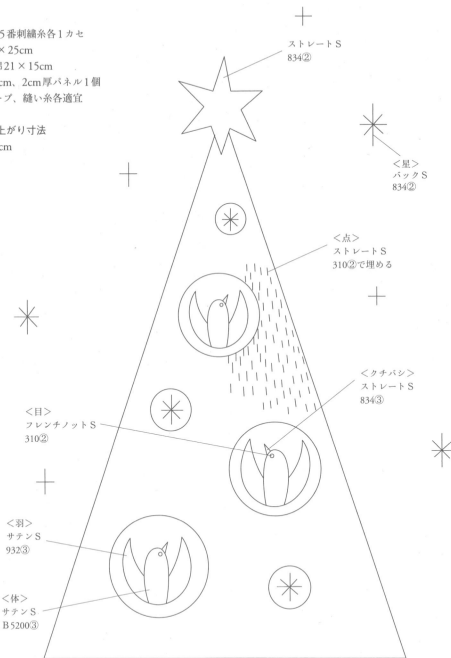

ストレートS
834②

<星>
バックS
834②

<点>
ストレートS
310②で埋める

<クチバシ>
ストレートS
834③

<目>
フレンチノットS
310②

<羽>
サテンS
932③

<体>
サテンS
B5200③

＜共通＞フレームの作り方

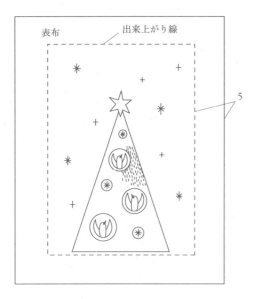

①図案を表布に写して刺繍し、
周囲を5cm程大きめに裁つ
※パネルの厚みを考慮して裁つ

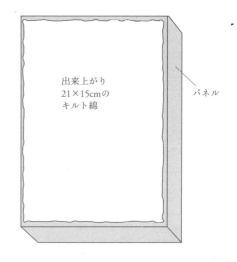

②パネルの表面に出来上がりに裁った
キルト綿を両面テープで貼る

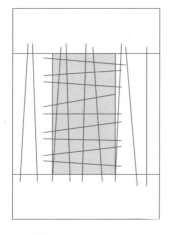

③表布でパネルをくるみ、
裏側の布を糸を大きく渡してとめる

L 鳥ネックレス／おしゃれ鳥
Page 28, 29

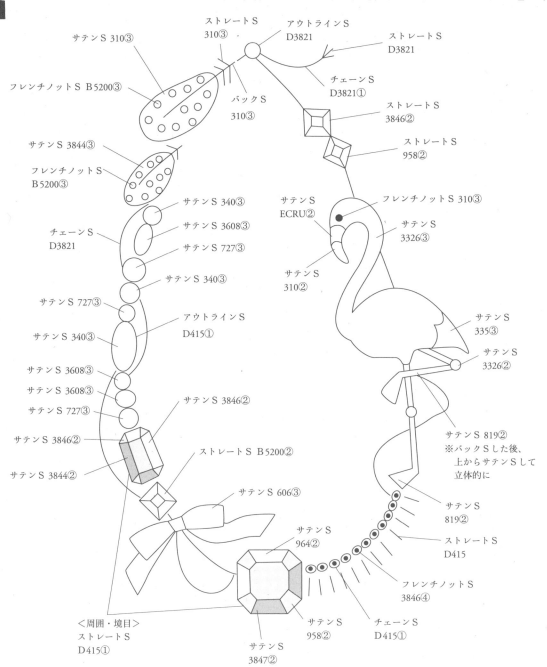

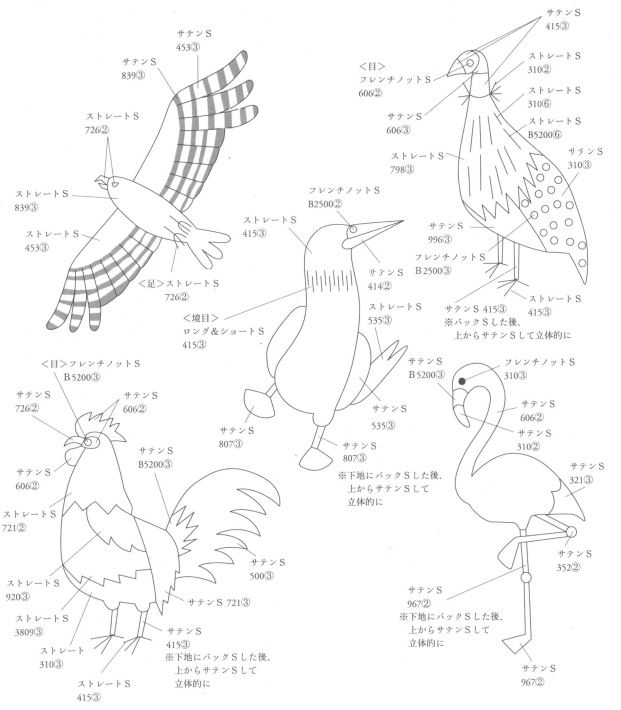

M 白鳥黒鳥の連続パターン
Page 30

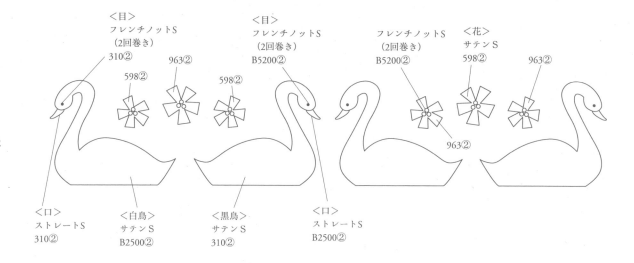

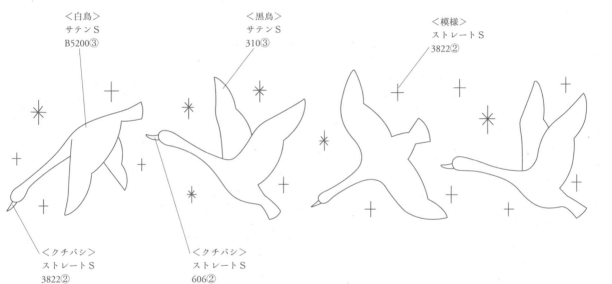

N 日本のかわいい小鳥 I
Page 33

● 材料　※1点分
刺繍用25番刺繍糸各1カセ
表布5×5cm
土台用スエード5×5cm
厚紙5×5cm
長さ2cmブローチピン1個

● 作り方
表布に図案を写して刺繍する（※フープにはめる場合は、表布を大きめに裁つ）。
→79ページと同様にして作る。

● 出来上がり寸法
高さ1.7～3.7cm

※指定以外は、すべて2本取りでロング&ショートS

キセキレイ

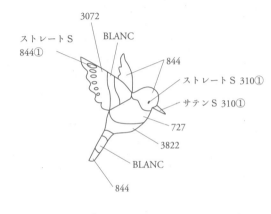

アカショウビン

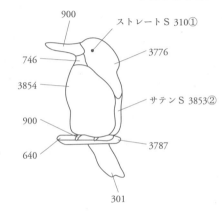

ルリビタキ

シマエナガ

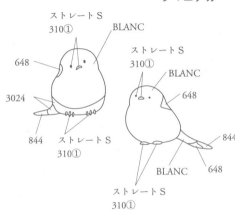

おしゃべりなインコ
Page 34

● 材料　※1点分
刺繍用25番刺繍糸各1カセ
表布5×5cm
土台用スエード5×5cm
厚紙5×5cm
長さ2cmブローチピン1個
手芸用ボンド適宜

● 作り方
表布に図案を写して刺繍する(※フープにはめる場合は、表布を大きめに裁つ)。
→79ページと同様にして作る。

● 出来上がり寸法
高さ3.1〜4.3cm

※指定以外は、すべ2本取りでロング&ショートS

セキセイインコ

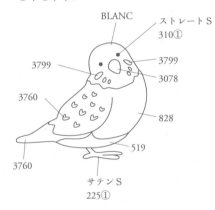

モモイロインコ

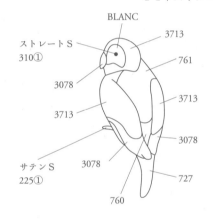

オカメインコ

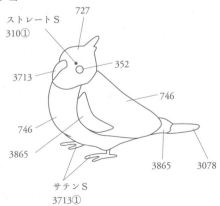

セキセイインコ

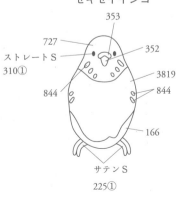

P ずんぐり文鳥／コールダックのトート
Page 36, 37

● 材料　※1点分
刺繍用25番刺繍糸各1カセ
表布5×5cm
土台用スエード5×5cm
厚紙5×5cm
長さ2cmブローチピン1個
手芸用ボンド適宜

● 作り方
表布に図案を写して刺繍する（※フープにはめる場合は、表布を大きめに裁つ）。
→79ページと同様にして作る。

● 出来上がり寸法
高さ2.5～3.5cm

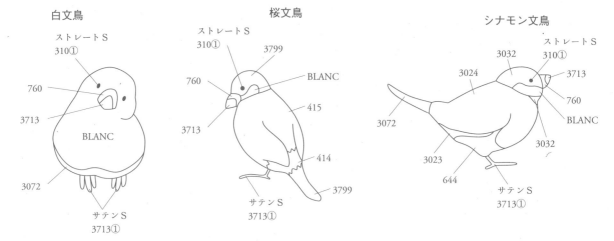

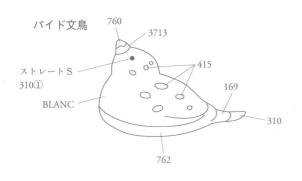

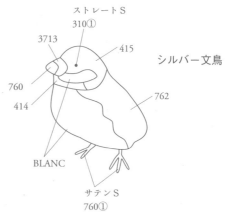

● 材料
刺繡用25番刺繡糸各1カセ
表布(持ち手分含む) 28×44cm
裏布 20×44cm
縫い糸適宜

● 作り方
表布に図案を写して刺繡する(※フープにはめる場合は、表布を大きめに裁つ)。
→85ページAタイプと同様にして作る。

● 出来上がり寸法
21×18cm

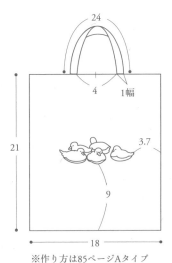

※作り方は85ページAタイプ

※指定以外は、すべて2本取りでロング&ショートS

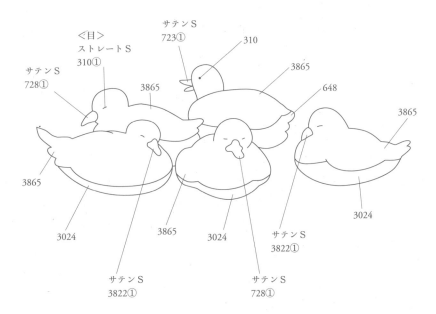

Q 日本のかわいい小鳥 II
Page 38

◉ 材料 ※1点分
刺繍用25番刺繍糸各1カセ
表布5×5cm
土台用スエード5×5cm
厚紙5×5cm
長さ2cmブローチピン1個
手芸用ボンド適宜

◉ 作り方
表布に図案を写して刺繍する（※フープにはめる場合は、表布を大きめに裁つ）。
→79ページと同様にして作る。

◉ 出来上がり寸法
高さ1.7〜4cm

※指定以外は、すべて2本取りでロング＆ショートS

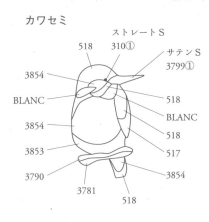

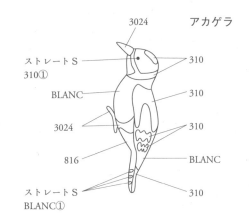

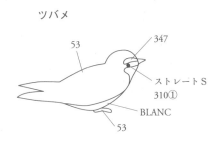

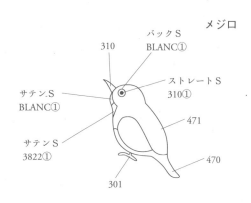

＜共通＞ブローチの作り方

①図案を表布に写し、刺繍する

②周囲を1cm程残して表布をカットし、0.5cm間隔で切り込みを入れる

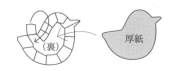
③手芸用ボンドをつけ、周りの布を折って裏側に貼る
（※出来上がり寸法の厚紙を裏に重ねて折り込むとしっかりする）

④土台布（スエード）に中表に手芸用ボンドで貼る

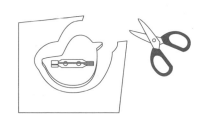
⑤余分な土台布をカットし、裏にブローチピンをボンドで貼る

＜共通＞フクロウストラップの作り方

※背景になる植物の図案は、フクロウとは別の表布（スエード）に刺す。

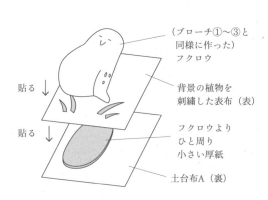
①順番に重ねて手芸用ボンドで貼る
・（ブローチ①〜③と同様に作った）フクロウ
・背景の植物を刺繍した表布（表）
・フクロウよりひと回り小さい厚紙
・土台布A（裏）

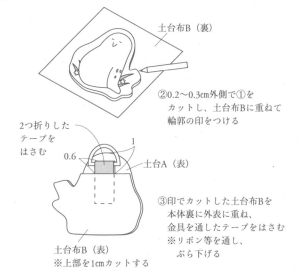
②0.2〜0.3cm外側で①をカットし、土台布Bに重ねて輪郭の印をつける

③印でカットした土台布Bを本体裏に外表に重ね、金具を通したテープをはさむ
※リボン等を通し、ぶら下げる

土台布B（表）
※上部を1cmカットする

R 世界のユニークな鳥
Page 40

◉ 材料　※1点分
刺繍用25番刺繍糸各1カセ
表布10×10cm
土台用スエード10×10cm
厚紙5×5cm
0.8mm幅ひも5cm（オナガラケット用）
長さ2cmブローチピン1個
手芸用ボンド適宜

◉ 作り方
表布に図案を写して刺繍する（※フープにはめる場合は、表布を大きめに裁つ）。
→79ページと同様にして作る。

◉ 出来上がり寸法
高さ2.5～4.8cm

※指定以外は、すべて2本取りでロング＆ショートS

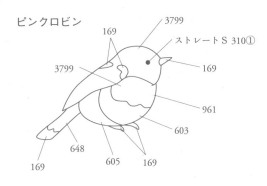

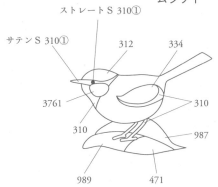

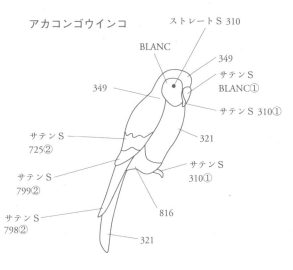

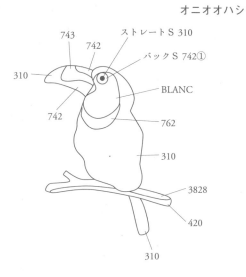

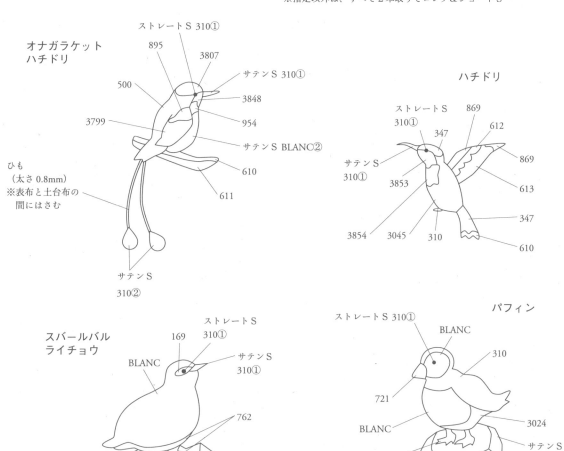

S ペンギンアクセサリー
Page 42

● 材料
刺繍用25番刺繍糸各1カセ
タッセル用25番刺繍糸(BLANC)1カセ
フェルト、スエード各5×5cm
イヤリングパーツ1組
内径0.3cmCカン2個
手芸用ボンド適宜

● 作り方
フェルトに図案を写して刺繍し、刺繍の0.2cm外側でカットする。
→ひと回り小さく裁った厚紙をはさみ、裏に表布と同寸のスエードをボンドで貼る。
→裏にブローチピンをボンドで貼る。

● 出来上がり寸法
高さ3cm(タッセル含む)

仕立て方

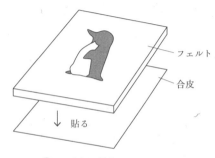

①フェルトに刺す
②合皮(スエード)と貼り合わせる

※すべて1本取りでサテンS

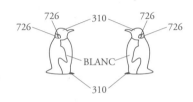

726 — 310 — 726
726 — BLANC — 726
310

③0.2外側でカットする
④裏面にタッセルをつけたイヤリングの金具をボンドで貼る

タッセルの作り方

①刺繍糸(長さ3.5cm)を二つ折りにしてCカンに通し固結びしてとめる

②イヤリングの金具に通し、Cカンをとじる

● 材料　※1点分
刺繍用25番刺繍糸各1カセ
表布用フェルト10×10cm
土台用スエード5×5cm
厚紙5×5cm
長さ2.7cmブローチピン1個
手芸用ボンド適宜

● 作り方
フェルトに図案を写して刺繍し、刺繍の0.2cm外側でカットする。
→ひと回り小さく裁った厚紙をはさみ、裏に表布と同寸のスエードをボンドで貼る。
→裏にブローチピンをボンドで貼る。

● 出来上がり寸法
高さ3〜3.5cm(タッセル含む)

※指定以外は、すべて2本取りでロング&ショートS

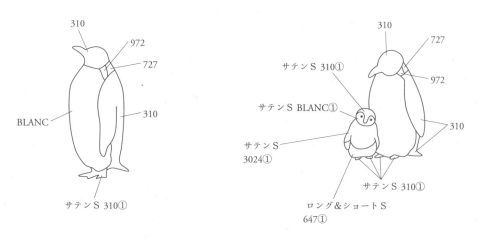

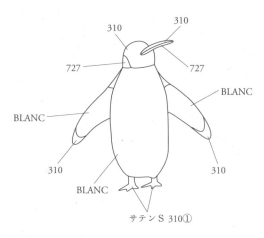

T フクロウのストラップ
Page 44

● 材料　※1点分
刺繍用25番刺繍糸各1カセ
フクロウ用表布10×10cm
背景用表布スエード10×10cm
厚紙5×5cm
土台A用スエード10×10cm
土台B用スエード10×10cm
1cm幅テープ5cm
内寸2.2cmDかん1個
手芸用ボンド、つり下げ用リボン各適宜

● 作り方
表布に図案を写して刺繍する（※フープにはめる場合は、表布を大きめに裁つ）。
→79ページと同様にして作る。

● 出来上がり寸法
高さ4〜5cm

※指定以外は、すべて2本取りでロング＆ショートS

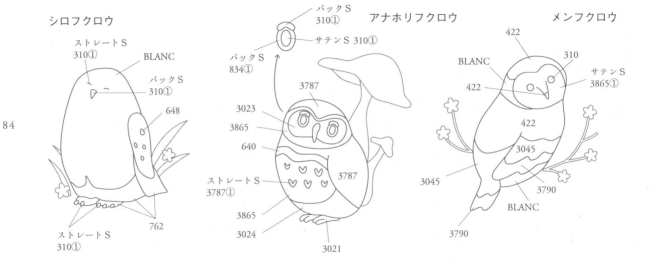

背景の図案

＜共通＞バッグの作り方

Aタイプ

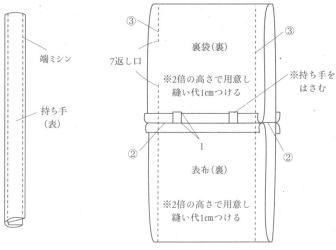

①四つ折りにして、端を縫う
※出来上がり寸法の
4倍の幅×縫い代1cm加えた長さで
持ち手用布を用意する

②持ち手をはさんで表布と裏布の口を中表に縫う
③底中心で折り直して、返し口を残して両脇を縫う

③返し口から表に返して、返し口をとじる
※口を端ミシンでぐるりと押さえると縫い代が浮かない

Bタイプ

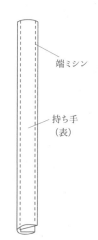
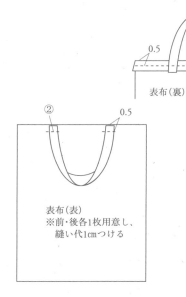

①四つ折りにして、端を縫う
※出来上がり寸法の
4倍の幅×縫い代1cm加えた長さで
持ち手用布を用意する

②持ち手を重ねて口を縫う
③口の縫い代を裏側に折って
持ち手を起こして、縫う

④もう1枚の表布も同様にし、
2枚を中表に合わせて、
脇と底を縫う

U 虹色の羽
Page 46

※BLANC はすべて1本取りでバックS
※羽毛部分の4508、4509 はすべて2本取りでサテンS

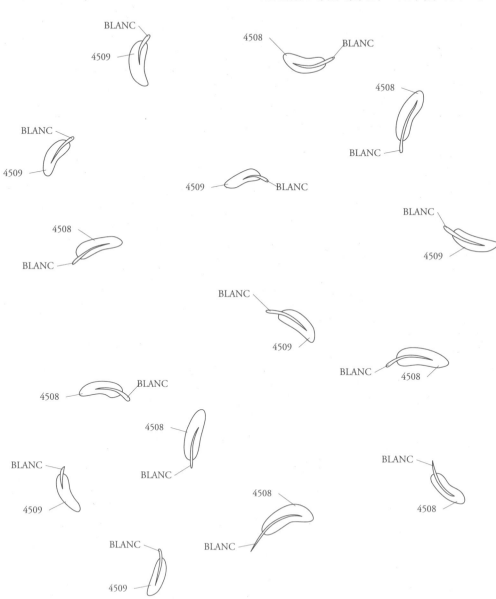

◉ 材料
刺繍用25番刺繍糸各1カセ
表布(持ち手分含む)スエード 30×38cm
縫い糸適宜

◉ 作り方
表布に図案を写して刺繍する(※フープにはめる場合は、表布を大きめに裁つ)。
→85ページBタイプと同様にして作る。

◉ 出来上がり寸法
17×16cm

※BLANC はすべて1本取りでバックS
※羽毛部分の4508、4509はすべて2本取りでサテンS

出来上がり寸法

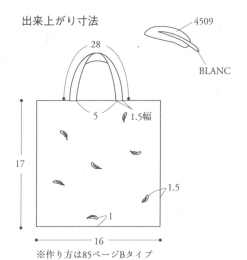

※作り方は85ページBタイプ

〈刺繍糸提供〉ディー・エム・シー株式会社
TEL 03-5296-7831
www.dmc.com

〈材料提供〉クロバー株式会社
TEL 06-6978-2214（お客様係）
http://www.clover.co.jp/

〈プロップ協力〉TITLES

.... 浅賀菜緒子
刺繍作家。自身のアトリエ等で刺繍教室を開催する他、雑誌や広告、書籍の装丁等の作品制作も手掛ける。著書に「植物刺繍」（文化出版局）、「ちいさな日本刺繍」（河出書房新社）、共著「いちばんやさしい猫刺繍」（エクスナレッジ）。
http://pontomarie.petit.cc (Pontomarie grenier)

.... クボトモコ
女子美術短期大学卒業。2004年よりイラストレーターとして活動開始。2014年より刺繍作品の制作を始めブローチ等を制作。共著「かわいい手づくりブローチ」（世界文化社）等。
http://www.tomocco.net

.... 川端遥香
1990年生まれ。多摩美術大学卒業。動物をモチーフに刺繍作品を製作。日常に馴染む身近な作品を作りたい、という思いから、2015年より刺繍アクセサリーを作り始める。
https://www.harukak.com/

いちばんやさしい鳥刺しゅう

2018年3月17日　初版第1刷発行

発行者　澤井聖一
発行所　株式会社エクスナレッジ
〒106-0032　東京都港区六本木7-2-26
http://www.xknowledge.co.jp/
問合わせ先
［編集］TEL 03-3403-6796　FAX 03-3403-0582
　　　　info@xknowledge.co.jp
［販売］FAX 03-3403-1829

無断転載の禁止
本書の内容（本文、図表、イラスト等）を当社および著作権者の承認なしに無断で転載（翻訳、複写、データベースへの入力、インターネットへの掲載等）、本書を使用しての営利目的での制作（販売、展示、レンタル、講演会）を禁じます。